AF573498

MINISTÈRE DE L'INSTRUCTION PUBLIQUE ET DES BEAUX-ARTS

BIBLIOTHÈQUE, OFFICE ET MUSÉE
DE L'ENSEIGNEMENT PUBLIC

(MUSÉE PÉDAGOGIQUE)

SERVICE DES PROJECTIONS LUMINEUSES

NOTICES SUR LES VUES

PARIS SOUS LA TERREUR

PAR

Léon CAHEN
Professeur au lycée Condorcet.

MELUN
IMPRIMERIE ADMINISTRATIVE

1912

La présente notice doit être renvoyée au Musée avec les Vues.

PARIS SOUS LA TERREUR (1)

N° 1. — Les enrôlements volontaires à Paris au Pont-Neuf.

Juillet 1792. (D'après Prieur.)

Le 20 avril 1792, l'Assemblée législative déclara la guerre à l'Autriche. Contre son attente, l'empire d'Allemagne et la Prusse prirent aussitôt les armes contre nous. Les armées françaises, désorganisées par l'émigration qui les privait de la plupart des officiers de l'ancien régime, affaiblies par la désertion, inexpérimentées, sans cohésion, sans discipline, sujettes à des paniques, reculèrent en désordre, abandonnant la garde de la frontière. Pour arrêter l'invasion menaçante, l'Assemblée fit appel à la nation, et déclara que la patrie

(1) Tous les documents employés dans cette série, sont contemporains ou tout au moins très rapprochés par leur date des événements qu'ils reproduisent.

était en danger. L'appel revêtit une forme solennelle. Le 19 juillet, le Conseil général de la Commune arrêtait que le décret de la Législative serait proclamé les dimanche et lundi 22 et 23 juillet par les officiers municipaux et les notables; que les mêmes jours il sera fait un enrôlement public et solennel des citoyens qui s'offriront pour voler à la frontière.

La cérémonie fut réglée de la façon suivante : « A 7 heures du matin, le Conseil général s'assemblera à la maison commune. Les 6 légions de la garde nationale de Paris se réuniront par détachements à 6 heures du matin sur la place de Grève. Le canon d'alarme du parc d'artillerie du Pont-Neuf tirera une salve de 3 coups à 6 heures du matin pour annoncer la proclamation et continuera d'heure en heure. . . . Un rappel battu dans tous les quartiers de la ville rassemblera les citoyens dans leurs postes respectifs. A 8 heures précises, les deux cortèges se mettront en marche dans l'ordre suivant : un détachement de cavalerie avec trompettes, 4 huissiers de la municipalité, à cheval, portant chacun une enseigne à laquelle sera suspendue une chaîne de couronne civique, chacune ayant une de ces inscriptions : Liberté, Égalité, Constitution, Patrie, au-dessous celles-ci : Publicité, Responsabilité ; 12 officiers municipaux revêtus de leurs écharpes, des notables membres du Conseil, tous à cheval, 1 garde national à cheval portant une grande bannière tricolore, sur laquelle seront écrits ces mots : « Citoyens, la patrie est en danger ! » 6 pièces de canon, 2 détachements de la garde nationale, détachement de cavalerie. . . . . . .
A chacune des places désignées pour la proclamation, le cortège fera halte; un de ceux qui le composent

donnera au peuple un signal de silence en agitant une banderole tricolore ; il se fera un roulement de tambours ; au dernier signal, les roulements cesseront, et un officier municipal lira à haute voix l'acte du corps législatif qui annonce que la patrie est en danger. »

Pour l'enrôlement civique il était décidé qu'il serait « dressé dans plusieurs places des amphithéâtres sur lesquels seront placées des tentes ornées de banderoles tricolores et de couronnes de chêne : sur le devant de l'amphithéâtre, une table posée sur 2 caisses de tambour servira de bureau pour recevoir et inscrire les noms des citoyens qui se présenteront ». On retrouvera tous ces détails dans le dessin de Prieur qui représente le bureau d'enrôlement de la place Dauphine (Pont-Neuf). La population parisienne, comme celle de la France entière répondirent à l'appel des pouvoirs publics. En une semaine à Paris, 15.000 volontaires s'engagèrent. Ce fut avec ces soldats que Dumouriez fut vainqueur à Valmy et la première invasion repoussée.

N° 2. — **Le camp sous Paris.**

(Bibliothèque nationale. Estampe de la collection Destailleur.)

L'Assemblée aurait voulu en même temps concentrer une armée sous les murs de Paris, afin de défendre en cas de besoin la capitale contre l'ennemi, et la liberté contre le roi. Louis XVI, qui souhaitait le succès des coalisés et craignait pour sa sécurité personnelle, s'opposa à l'exécution du décret, et le camp ne fut installé que plus tard. Paris qui, en 1789, s'était montre hostile aux soldats du despotisme accueillit fraternellement, le dessin ci-contre le prouve, les soldats de la Révolution. Le patriotisme engourdi depuis longtemps se réveillait avec une force inconnue, et devint peu à peu une passion impérieuse, soupçonneuse et farouche. Paris fut, en réalité, quand l'invasion redevint menaçante en 1793, un véritable camp. Les femmes mêmes furent réquisitionnées, elles travaillèrent à faire de la charpie, des bandes; les savants, dont Monge, laissant leurs préoccupations théoriques, contribuèrent à fortifier la défense nationale, et c'est de ce mouvement de dévouement national, que sortit le salut de la France.

N° 3. — **La journée du 10 août 1792.**

(D'après le tableau de Duplessi-Bertaux. — Musée de Versailles.)

Il était impossible qu'un peuple soumis à de telles angoisses, à de tels entraînements, à des privations physiques continuelles observât strictement la légalité. Les années 1792, 1793, 1794, furent donc marquées par des violences dirigées soit contre les pouvoirs publics, soit contre les individus.

Louis XVI fut la première victime de la fureur populaire. Il s'était opposé aux décrets de l'Assemblée; on le soupçonnait — ce qui était exact — de correspondre avec l'Empereur, et de trahir les secrets de la défense. Le 20 juin 1792, les Parisiens étaient venus aux Tuileries pour défiler devant lui et le décider, par la manifestation de leur nombre et de leurs vœux, à modifier son attitude, mais Louis XVI n'avait pas cédé. Aussi, les chefs du parti de l'action réclamèrent-ils la déchéance du roi, et, ne l'ayant pas obtenue de l'Assemblée qui croyait n'avoir pas le droit de la prononcer, ils se résolurent à l'imposer. Le 10 août, une Commune insurrectionnelle s'installa à l'Hôtel-de-Ville : les habitants des faubourgs démocratiques Saint-Marceau et Saint-Antoine se portèrent vers le Château et en forcèrent les approches; repoussés des Tuileries, ils furent bientôt soutenus par d'autres contingents populaires, et par un bataillon marseillais de volontaires bien armés, bien organisés, pourvus de canons, qui se dirigeaient sur la frontière, en chantant l'hymne de Rouget de l'Isle, appelé pour ce fait la « Marseillaise ». Les Suisses qui défendaient le palais laissèrent d'abord les assaillants s'avancer; puis, brusquement, pris de peur à l'aspect de cette multitude hurlante dont ils ne comprenaient pas les cris, ils tirèrent, et le peuple, qui avait encore présents à l'esprit les souvenirs de la Bastille, crut à un guet-apens. Furieux, il emporta la résidence royale et massacra ses défenseurs. La journée du 10 août, comme celle du 14 juillet, fut une véritable bataille. Contrairement à ce qu'on raconte souvent, les combattants qui prirent part à cette action n'étaient pas des voleurs, ni la lie de la population. Au contraire, s'il y eut des actes de vandalisme et des bris regrettables, il n'y eut pas de vols appréciables, et l'on retrouve les noms de la plupart des « hommes du 10 août » parmi les volontaires qui marchèrent à l'ennemi et qui se distinguèrent par leur courage.

Quant à Louis XVI, dès le début de la journée, il s'était réfugié à la Législative. Après la victoire des insurgés, l'Assemblée le déclara suspendu de ses fonctions, et convoqua une Convention chargée de prononcer sur le sort même de la monarchie.

N° 4. — Les massacres de Septembre.

2 et 3 septembre 1792. (D'après Swebach-Desfontaines. — Berthault.) (1)

La suspension du roi ne calma guère les passions. Les progrès de l'invasion, la capitulation facile des places avancées, firent croire aux patriotes que l'ennemi avait à l'intérieur des complices et des agents. Désireux de se venger, pendant qu'ils en avaient encore le pouvoir, ils se portèrent en foule aux prisons de l'Abbaye (ancien palais abbatial de Saint-Germain-des-Prés), ou du For-l'Évêque dans lesquelles étaient détenus beaucoup de prêtres réfractaires et de nobles suspects. Ils constituèrent devant la porte une façon de tribunal qui jugeait sommairement les prisonniers qu'on lui amenait. La sentence prononcée était aussitôt exécutée. Le gouvernement, n'ayant pas de troupes à sa disposition, dut assister impuissant à ces désordres dont, pour effrayer l'Europe, il n'hésita pas à revendiquer la responsabilité. L'institution d'un régime d'état de siège, la Terreur, et surtout la victoire de Valmy rendirent aux Parisiens un peu de sang-froid et ce fut au milieu de l'allégresse générale que la Convention se réunit et que la République fut proclamée.

N° 5 — Exécution de Louis XVI.

23 janvier 1793. (D'après la gravure de Monnet.)

Mais cette tranquillité dura peu. Les Girondins et les Montagnards ne tardèrent pas à se combattre. Leurs

(1) Le premier nom indique le dessinateur, le second, le graveur.

querelles excitèrent tout de suite les esprits, et déchaînèrent de nouveaux troubles. Le procès du roi aggrava encore la situation. On avait découvert, après le 10 août, dans une armoire secrète, dite armoire de fer, des papiers, d'où ressortait à l'évidence l'intelligence de Louis XVI et des coalisés. La Convention se décida, sur la demande de la Commune et des sociétés populaires, à mettre le souverain déchu en jugement : pour donner à la sentence plus de solennité et d'impartialité, elle renonça à nommer un tribunal spécial et se constitua en Haute Cour. Le procès fut long. Louis XVI, assisté d'avocats, eut toute liberté pour se défendre, mais se défendit mal. Les faits étaient d'ailleurs patents; à la presque unanimité, la Convention le reconnut coupable, puis, à la majorité, le condamna à la peine de mort, et refusa tout sursis. Louis amené sur l'ancienne place Louis XV devenue place de la Révolution mourut courageusement.

La guillotine, qui s'élevait non loin de la place où se dresse l'obélisque aujourd'hui, devait un peu plus tard être établie là en permanence.

N° 6. — La journée du 2 juin 1793.

(D'après Swebach-Desfontaines. — Berthault.)

Cette mort eut en Europe un retentissement considérable : l'Angleterre surtout, indignée, se déclara contre nous, et les défaites recommencèrent. La Belgique fut perdue, Dumouriez trahit. Les Parisiens rendirent les Girondins responsable des désastres d'une guerre qu'ils avaient déclarée, et du forfait d'un homme qu'ils avaient porté au pouvoir. Ils leur reprochaient en outre de compromettre le salut national par une politique mesquine de représailles et de violences à l'égard de la Commune. Ils résolurent de reprendre la tactique employée en 1792 contre Louis XVI. Le 31 mai, ils se rendirent à la Convention pour manifester leur colère et engager les amis de Brissot à abandonner le pouvoir. Leur manifestation n'ayant pas reçu satisfaction, ils recoururent, le 2 juin, à une insurrection générale. La Convention cernée, comme on le voit sur la gravure, par les bataillons hostiles de la garde nationale, menacée par les canons mis en batterie, dut s'incliner. Elle suspendit les députés visés de leur mandat, et les mit chez eux aux arrêts sous la surveillance de la gendarmerie. La Montagne avait désormais le pouvoir : elle dominait Paris et l'Assemblée.

N° 7. — Le club des Jacobins.

(D'après une gravure du livre de Millin : *Les Antiquités nationales*, tome I.)

Elle s'appuya dans toute la France, sur les organisations populaires, officielles ou privées, clubs et sections. Les péripéties militaires, les débats de la Convention avaient accru l'effervescence générale : la vie politique était portée à un point d'intensité fébrile. La politique était l'unique occupation de beaucoup et la préoccupation essentielle de tous. On comprend donc le succès des clubs. Jamais plus qu'à cette époque, ils ne furent fréquentés, actifs, puissants. Le plus important d'entre eux était le club des Jacobins, installé dans l'ancienne bibliothèque du couvent des Jacobins Saint-Honoré. Royaliste constitutionnel modéré au début, et opposé tout d'abord à la guerre, il avait, depuis juin 1791, pris une couleur plus foncée. Il s'était déclaré contre le roi, puis contre les Girondins. Son principal représentant fut Robespierre. Il correspondait avec beaucoup de sociétés des départements, auxquelles il transmettait son mot d'ordre. Il avait partout des affiliés. Ce fut une véritable puissance, et, à certains moments, presque un gouvernement.

N° 8. — Le club des Cordeliers.

(D'après un dessin de la collection Destailleur, Bibliothèque Nationale.)

Un autre club influent était celui des Cordeliers, installé dans le couvent du même nom (dont l'église serait aujourd'hui enclavée dans les nouveaux bâtiments de la Faculté de médecine) : c'est le musée Dupuytren. Plus démocratique que le précédent, il recrutait ses membres parmi les habitants de la montagne Sainte-Geneviève, et du faubourg Saint-Marcel. Il avait provoqué la manifestation du Champ de Mars. Son inspirateur fut longtemps Danton.

N° 9. — Les clubs de femmes.

(D'après une caricature, Bibliothèque Nationale.)

N° 10. — L'intérieur d'un comité révolutionnaire.

(D'après Fragonard fils. — Berthault.)

Les citoyens les plus exaltés ne pouvaient se contenter de pérorer dans les clubs, et de jouer un rôle effacé, ils désiraient rester assemblés en permanence, afin d'être au courant immédiatement des événements et de prendre sur le champ les résolutions nécessaires. La Constituante avait connu et réprimé ces velléités : la Convention en reconnut la légitimité. Le décret du 21 mars 1793 institua dans chaque commune ou section de commune un comité de 12 membres chargé de surveiller le civisme des étrangers. Peu à peu ces comités usurpèrent des pouvoirs plus étendus, et concentrèrent toutes les fonctions de police. La loi du 17 septembre 1793 chargea ces comités, devenus des organes officiels et investis d'un mandat public, de la surveillance des suspects, et mit à leur disposition la force armée. Ce furent eux qui délivrèrent les laissez-passer, ou les refusèrent, qui délivrèrent les ordres d'information, d'incarcération ; ils empêchèrent par leur vigilance le succès des conspirations, mais ils persécutèrent souvent des hommes paisibles et de bons citoyens et furent les pourvoyeurs du Tribunal révolutionnaire.

N° 11. — Le Tribunal révolutionnaire.

(D'après un tableau du musée Carnavalet.)

Celui-ci fut établi le 10 mars 1793, sur la motion de Danton, à la suite des défaites en Belgique. Chargé de connaître de toute entreprise contre-révolutionnaire, de tous attentats contre l'État, et de tous les complots il était formé d'un jury, d'un accusateur public et de 2 substituts tous nommés par la Convention. Il jugeait sans appel, et ses arrêts étaient immédiatement exécutoires. La loi du 22 prairial modifia la procédure dans un sens plus rigoureux ; les accusés, privés de leurs défenseurs, ne purent plus faire entendre de témoins : aux preuves matérielles on substituait les preuves morales, et le Tribunal ne prononça plus qu'une peine, la mort. L'accusateur public, Fouquier-Tinville, ne négligea rien pour accroître la sévérité du Tribunal et son rôle pendant la Terreur lui valut plus tard de passer en jugement et d'être condamné. La gravure qu'on produit représente, selon la tradition, les procès : elle montre l'état des lieux, le costume et la disposition des juges.

N° 12. — La dernière charrette.

(D'après la gravure de Duplessi-Bertaux. — Berthault.)

Les prisonniers logés dans toutes les prisons de Paris, n'y restaient que peu de temps ; chaque jour le guichetier faisait l'appel de ceux qui devaient être jugés, l'on s'embrassait, personne n'ignorait que de ceux qui partaient, presque aucun n'aurait la vie sauve. Mais il régnait une sorte d'exaltation qui empêchait de s'effrayer de la mort. Même les femmes se montraient héroïques. Madame Roland peut servir d'exemple. L'exécuteur Samson venait au Tribunal demander avant la séance combien il y aurait de condamnés. Et il commandait en conséquence les charrettes. C'étaient, comme le montre la gravure de Swebach, des tombereaux, où l'on entassait les condamnés. Entourés d'une escorte de gardes nationaux, d'une foule hurlante, ils étaient conduits à la place de la Révolution où la guillotine s'élevait en permanence : puis les corps étaient transportés dans de grandes fosses communes, ce qui fait qu'aujourd'hui, il est presque impossible d'identifier la place où les victimes célèbres de la Révolution furent inhumées. Les exécutions cessèrent presque complètement après la chute de Robespierre, et la charrette qui porta les condamnés le 9 thermidor porta le nom (inexact d'ailleurs puisque la guillotine fonctionna encore le lendemain et le surlendemain) de dernière charrette.

N° 13. — La mort de Lepelletier de Saint-Fargeau

(D'après Swebach-Desfontaines. — Berthault.)

Toutes ces violences devaient naturellement provoquer chez les amis ou les parents des victimes un âpre désir de revanche : trop faibles pour frapper au grand jour les auteurs de leur deuil, ils recouraient à l'attentat contre un homme en vue qu'ils tenaient pour responsable. C'est ainsi qu'après la condamnation de Louis XVI un ancien garde du corps Pâris, tua le conventionnel Lepelletier de Saint-Fargeau, qui avait voté la mort du roi. Lepelletier se mettait à table chez Ferrier, le restaurateur connu du Palais-Royal. Pâris lui demanda pourquoi il avait été régicide, et lui enfonça son épée dans le côté. La Convention accorda des honneurs extraordinaires à celui qu'elle considérait comme un martyr de la liberté. Son corps fut transporté au Panthéon, David se chargea de commémorer le forfait dans un tableau, et il manqua de peu que le système d'instruction publique projeté par Lepelletier ne fût réalisé. Aujourd'hui nous avons une autre raison de retenir ce nom de Lepelletier : l'hôtel qu'il habitait, voisin de l'hôtel Carnavalet, ancienne demeure de Mme de Sévigné est aujourd'hui propriété municipale et abrite la Bibliothèque historique de la ville de Paris.

N° 14. — La mort de Marat.

(D'après Swebach-Desfontaines. — Berthault.)

Beaucoup plus célèbre que la mort de Lepelletier est celle de Marat. Marat ancien docteur en médecine, considéré tantôt comme un fou, et tantôt comme un savant de génie, était en tous cas un violent. Rallié dès le début à la Révolution, il n'avait pas tardé à prendre parti contre l'Assemblée Constituante dans son journal l' « Ami du Peuple » et il avait réclamé des mesures de rigueur contre les ennemis du mouvement. Après la déclaration de guerre, il se montra de plus en plus pathétique, et de plus en plus terrible. Les Girondins n'eurent pas d'adversaire plus irréductible et plus menaçant. Aussi lorsqu'ils eurent été proscrits, Marat fut-il regardé par beaucoup comme l'auteur de leur disgrâce. Une jeune femme, Charlotte Corday, vint à Paris pour essayer de les venger en le frappant. Marat était familier et d'abord facile, causant avec tous ceux qui avaient à lui parler. Il reçut sans façons la visiteuse, en prenant un bain médicamenteux, selon son habitude, dans sa baignoire qui avait la forme d'un grand sabot de cuivre. Charlotte Corday lui remit un placet qu'il lut sans méfiance. Elle profita du moment pour le blesser mortellement d'un coup de couteau. Il appela à l'aide et l'on s'empara de la meurtrière, mais il expira presque aussitôt. Sa mort provoqua dans les « milieux patriotes » une sorte de frénésie. Son corps reçut d'abord aux Cordeliers des honneurs presque divins, puis fut porté le 21 septembre 1794 au Panthéon, d'où on venait le retirer quelques mois plus tard. Son buste fut placé dans beaucoup de lieux publics : on ne vit plus en lui qu'un homme tué par une complice des factieux.

N° 15. — Le jeu de l'émigrant.

(D'après une estampe de la Bibliothèque Nationale.)

Mais il ne faudrait pas inférer de tout cela que la Terreur ait été de tous les instants, que les Parisiens aient pendant cette période perdu toute gaîté, tout entrain, qu'ils aient été privés de toute distraction et de tout amusement. Loin de là. La vie garde toujours, ou plutôt elle reprend vite ses droits. Les prisonniers, voués à la mort, riaient, plaisantaient, s'amusaient dans leurs prisons. Les Parisiens faisaient aussi de leur existence, le meilleur emploi qu'ils pouvaient. Ainsi l'on allait se promener, surtout le soir, aux Champs-Élysés. Sous les ombrages, on se promenait, on s'asseyait, on jouait à des jeux innocents. L'un de ceux qui eurent le plus de succès fut l'*émigrant,* que la gravure représente, sorte de « diabolo » que l'on jetait en l'air, et qu'il fallait rattraper. Les élégantes ne dédaignaient pas de s'exercer à ce jeu, où l'habileté obtenait un vif succès.

N° 16. — Les restaurants.

(D'après une estampe de la Bibliothèque Nationale.)

Le soir, les habitants allaient volontiers dîner en dehors de chez eux. Les restaurants riches continuaient d'être fréquentés, et beaucoup de députés démocrates y étaient assidus. C'est ainsi que Lepelletier de Saint-Fargeau, dont nous avons déjà raconté la mort tragique, dînait tous les soirs dans ce restaurant du Palais-Royal, où Pâris vint le chercher et l'assassina. L'estampe que l'on voit ici montre sinon l'aspect exact de ce restaurant, que l'on trouvera plutôt dans la gravure précédemment reproduite, du moins celui d'un des « caveaux » si fort à la mode, où l'on venait boire de bon vin, et aussi manger de bons repas. Avec leurs plafonds et leurs murs peints, leur sol dallé de noir et blanc, ils étaient assez élégants, et les hôtes qui y étaient attablés étaient vêtus d'une manière assez luxueuse, et que n'évoque pas du tout l'image du sans culotte misérable, vêtu de haillons, qu'on se représente exclusivement.

N° 17. — Le théâtre : l'acteur Chenard jouant le rôle d'un patriote savoyard.

(D'après le tableau de Boilly. — Musée Carnavalet.)

Le théâtre restait ouvert. Jusqu'au début de 1793, il fut libre, on s'y portait en foule. Après l'émotion que causa la représentation d'une pièce sans valeur, et presque inconnue aujourd'hui « l'Ami des Lois », le décret du 2 août décida que trois fois par semaine, les théâtres désignés par le ministre de l'intérieur, joueraient des tragédies républicaines telles que Brutus, Guillaume Tell, Caïus Gracchus, ou des pièces dramatiques propres à entretenir les idées d'égalité et de liberté. Une fois par semaine, il devait y avoir représentation gratuite : la République en assumait les frais. Les Parisiens n'étaient pas gens à abandonner le bénéfice de cette munificence : « pour contenir l'affluence des spectateurs, porte le

compte rendu d'un de ces spectacles, on a payé 200 hommes de garde, et il a fallu augmenter celle des pompiers ». Ils allaient même au théâtre lorsqu'il fallait payer, s'enthousiasmaient pour ou contre la pièce, et c'étaient de véritables passions que le drame soulevait parfois.

N° 18. — Les repas fraternels.

10 - 13 mai 1794. (D'après Swebach-Desfontaines.)

D'autres réjouissances collectives se produisaient parfois. Certains Parisiens, poussés peut-être par l'ascendant des théories socialistes qui se développaient alors, eurent l'idée d'organiser le soir des repas en plein air. Des guirlandes de fleurs décoraient les tables et les maisons; l'abondance des lumières faisait une véritable illumination. Sweback Desfontaines a représenté les repas fraternels qui eurent lieu rue de Tournon. Au fond, le Luxembourg.

Nos 19, 20 et 21. — La fête de la Régénération.

10 août 1793. (D'après les estampes de Berthault et de Girardet.)

Enfin il y eut de grandes fêtes organisées par la Convention pour commémorer les grandes dates de la Révolution, les grands hommes, les merveilles et les lois de la nature. C'est ainsi que la destruction du despotisme fut rappelée le 10 août 1793 par une grande fête dont le grand peintre David fut l'organisateur, voici les dispositions essentielles du plan qu'il soumit et fit accepter à la Convention :

« Les Français réunis pour célébrer la fête de l'unité et de l'indivisibilité se lèveront avant l'aurore, la scène touchante de leur réunion sera éclairée par les premiers rayons du soleil. Cet astre bienfaisant, dont la lumière s'étend sur tout l'univers sera pour eux le symbole de la vérité, à laquelle ils adressent des louanges et des hymnes... Le rassemblement se fera sur l'emplacement de la Bastille; au milieu de ses décombres on verra s'élever la fontaine de la Régénération représentée par la Nature. De ses fécondes mamelles, qu'elle pressera de ses mains, jaillira avec abondance l'eau pure et salutaire dont boiront tour à tour 86 commissaires..., le plus ancien d'âge aura la préférence, une seule et même coupe servira pour tous. Le président de la Convention Nationale, après avoir par une espèce de libation arrosé le sol de la liberté, boira le premier ; il fera successivement passer la coupe aux commissaires des envoyés des assemblées primaires qui seront appelés par lettre alphabétique, au son de la caisse et de la trompette. Une salve d'artillerie, à chaque fois qu'un commissaire aura bu, annoncera la consommation de l'acte de paternité...

« Le cortège dirigera sa marche par les boulevards ; en tête seront les sociétés populaires réunies en masse, elle porteront une bannière sur laquelle sera peint l'œil de la Surveillance pénétrant un épais nuage. Le deuxième groupe sera formé par la Convention Nationale, marchant en corps. Chacun de ses membres portera à la main, pour seule et unique marque distinctive, un bouquet formé d'épis de blé et de différents fruits ; 8 d'entre eux porteront sur un brancard une arche : elle sera ouverte et... renfermera les tables sur lesquelles seront gravés les droits de l'homme et l'acte constitutionnel. Les commissaires des envoyés des assemblées primaires des 86 départements formeront une chaîne autour de la Convention... ; ils seront unis les uns aux autres par le lien léger mais indissoluble de l'unité et de l'indivisibilité que doit former un cordon tricolore. Chacun d'eux sera distingué par une pique, portion du faisceau qui lui aura été confié par son département, qu'il tiendra d'une main avec une banderole sur laquelle sera écrit le nom de son département, et par une branche d'olivier qu'il portera de l'autre... »

« Après devait venir la foule, entourant un char portant une charrue, sur laquelle seraient assis un vieillard et une épouse, et que traîneraient leurs propres enfants; puis un groupe militaire qui contiendra une urne dépositaire des cendres des héros morts glorieusement pour la Patrie, ornée de guirlandes et de couronnes civiques, entourée des parents des morts ayant des couronnes de fleurs à la main : autour, des cassolettes brûlant des parfums, une musique militaire; enfin au milieu de l'armée, des tombereaux couverts de tapis avec les fleurs de lys et portant les emblèmes de la royauté. Le cortège devait faire halte au boulevard Poissonnière, où s'élèveraient un portique et un arc de triomphe (c'est ce que représente la gravure). Les héroïnes des 5 et 6 octobre 1789 seraient là qui recevraient du président de la Convention une branche de laurier et se joindraient au cortège. Sur la place de la Liberté, nouvelle station : on élèverait sur les débris existants la statue de la Liberté qu'on inaugurerait solennellement : au pied, un bûcher, sur lequel les emblèmes de la royauté seraient entassés, et tandis que les commissaires y mettraient le feu, on rendrait la liberté à des milliers d'oiseaux portant une banderole où serait inscrit un article des droits de l'homme. Le cortège s'arrêterait encore aux Invalides où un groupe colossal commémorerait la défaite du fédéralisme, pour aboutir au Champ de Mars, en passant sous un portique. Une guirlande tricolore, tendue à travers l'arche, obligerait tous les fronts à se courber au même niveau, et symboliserait l'égalité démocratique. Et la fête se terminerait par le dépôt d'offrandes et la prestation du serment civique sur l'autel de la Patrie. »

N° 22. — La fête de l'Être suprême.

(D'après Duplessi-Bertaux. — Berthault.)

Lorsque l'attitude du clergé et des fidèles catholiques eut décidé certains patriotes et certaines sociétés à demander la destruction du christianisme, et son remplacement par d'autres cultes rationnels, ces tentatives de déchristianisation et de réorganisation religieuse furent marquées par de grandes cérémonies. Telle la fête de la Raison, célébrée au milieu d'un grand concours de peuple, à Notre-Dame, le 10 novembre 1793. Telle, plus encore, celle de l'Être suprême, que la Convention, à la demande de Robespierre, décréta et fixa au 20 prairial an II (8 juin 1794). L'ordre en avait été réglé par David.

Dès huit heures du matin une salve d'artillerie, tirée du Pont-Neuf, annonce le début de la grande journée. Les sections se réunissent et se rendent aux Tuileries, en 3 colonnes, au centre les adolescents, marchant par rangées de 12, à droite les hommes et les garçons tenant des branches de chêne, à gauche les femmes et les jeunes filles, portant des bouquets ou des corbeilles de fleurs. Entre midi et une heure, la Convention sort des Tuileries par la grande porte du pavillon central ou pavillon de l'Unité et prend place sur l'estrade : tous les représentants ont à la main des épis de blé. Vêtu d'un habit bleu barbeau, et d'une culotte de nankin, le président, Robespierre s'avance et prononce un discours; les artistes de l'Opéra entonnent un hymne, puis Robespierre prend une torche, embrasse la statue de l'Athéisme, qui disparaît, laissant voir la statue de la Sagesse, il remonte, prononce un autre discours; puis le cortège se rend au Champ de Mars où doit avoir lieu la seconde partie de la cérémonie.

N° 23. — **La fête de l'Être suprême.**

(D'après un tableau du musée Carnavalet.)

La Convention, groupée autour d'un char antique portant les attributs de l'industrie nationale se rendit au Champ de Mars, entourée d'un ruban tricolore que portaient l'Enfance, ornée de myrtes, la Virilité ornée de chêne, et la Vieillesse ornee de pampres et d'olivier. Sur le Champ de Mars on avait élevé une montagne, plantée d'arbres. Les hommes se placèrent à droite, les femmes à gauche de la montagne, autour de laquelle les adolescents firent cercle. Sur les premières pentes à droite, un groupe de vieillards et d'adolescents, à gauche de mères de famille et de jeunes filles; plus haut, les musiciens, tout en haut la Convention. Le programme comportait d'abord une partie musicale; on chanta l'hymne à l'Être suprême, une symphonie, la Marseillaise.

En même temps les jeunes filles jetaient des fleurs vers le ciel, les jeunes gens tiraient leurs sabres en jurant de vaincre ou de mourir, les vieux bénissaient ; au signal d'une décharge d'artillerie, l'enthousiasme déborda, et ce fut un embrassement général au cri de « Vive la République ».

N° 24. — L'apothéose de Jean-Jacques Rousseau.

11 octobre 1794 — 20 vendémiaire an III.
(D'après Girardet Berthault.)

Après la chute de Robespierre (9 thermidor), les réjouissances et fêtes continuèrent, d'autant plus brillantes qu'après la Terreur, on avait besoin de se distraire. Une des cérémonies les plus pompeuses fut la translation au Panthéon des cendres de Rousseau. On sait l'influence que les idées de Jean-Jacques avaient eu sur les conventionnels ; elles avaient notamment inspiré Robespierre : l'enthousiasme pour le philosophe survécut au 9 thermidor. Sur la proposition de Lequinio le 14 avril, la Convention avait décerné à son corps les honneurs du Panthéon ; le 12 mai, elle décréta la translation à Paris des cendres du philosophe, qui avait été inhumé à Montmorency. La fête fut fixée au 11 octobre. Le cortège, qui partit du Jardin national, se divisait en 9 groupes : (1° musiciens, 2° botanistes, 3° artistes, 4° députés des sections, 5° mères de famille vêtues à l'antique, 6° habitants de Saint-Denis et de Montmorency, 7° habitants d'Ermenonville, 8° Génevois, 9° Convention ;) il était précédé de gendarmes, suivi de détachements militaires. Au milieu, la statue de la Liberté, et celle de Rousseau, qu'on voit au premier plan sur l'œuvre de Girardet. On remarquera l'aspect de la place, et celui du cortège, les vêtements à l'antique de ceux qui portent la statue du philosophe, des mères de famille, les faisceaux empruntés à Rome, les palmes, les tables de la loi empruntées aux religions chrétienne et juive, tout l'attirail composite de l'art décoratif révolutionnaire, dont David fut le grand metteur en scène.

N° 25. — **Fête des Victoires.**

21 octobre 1794. (D'après Swebach Desfontaines — Malapeau.)

Les victoires des armées donnèrent lieu ainsi à de grandes réjouissances, dont la plus célèbre fut celle des Victoires. Au Champ de Mars, on avait élevé un rocher factice, en forme de redoute, et un temple à l'Immortalité. Les sections se réunirent là à 9 heures du matin. Puis les élèves du Champ de Mars entourant les blessés, se rendirent solennellement, après avoir simulé la prise de la redoute au temple de l'Immortalité, où le président de la Convention fit le simulacre de graver sur une pyramide le nom des armées françaises et l'énumération de leurs victoires.

MELUN. IMPRIMERIE ADMINISTRATIVE. — M. P. 491 *D*

www.ingramcontent.com/pod-product-compliance
Lightning Source LLC
LaVergne TN
LVHW050508160826
845677LV00003B/1017
* 9 7 8 2 3 2 9 6 4 2 1 7 8 *